4ᵉ Chambre.

*Audiences des Samedis
17 et 24 juin 1854.*

ᴘʀᴇ́sɪᴅᴇɴᴄᴇ ᴅᴇ ᴍ. ʟᴇᴘᴇʟʟᴇᴛɪᴇʀ ᴅ'ᴀᴜʟɴᴀʏ.

M. BRIÈRE DE VALIGNY,
Avocat Impérial.

LETTRES

DE M. PHILARÈTE CHASLES

ɪᴍᴘʀɪᴍᴇ́ᴇs ᴅᴀɴs ʟᴀ ɢᴀᴢᴇᴛᴛᴇ (ʀᴜssᴇ) ᴅᴇ sᴀɪɴᴛ-ᴘᴇ́ᴛᴇʀsʙᴏᴜʀɢ

ᴄᴏɴᴛʀᴇ

LA REVUE DES DEUX MONDES

ET SON DIRECTEUR

ET QUI DONNENT LIEU AU PROCÈS PENDANT DEVANT LE TRIBUNAL

ᴘʀᴇ́ᴄᴇ́ᴅᴇ́ᴇs ᴅᴇ

LETTRES DE M. CHASLES A M. BULOZ

ᴀᴠᴇᴄ ᴏʙsᴇʀᴠᴀᴛɪᴏɴs ᴇᴛ ɴᴏᴛᴇs.

Il est pénible d'avoir à citer devant les tribunaux un écrivain avec lequel on a eu des rapports de plusieurs années; il est surtout douloureux, pour repousser l'injure et la calomnie, de se voir dans l'obligation de relever le gant qu'on a eu l'imprudence de vous jeter, et d'être réduit à publier des faits qu'on aurait voulu laisser dans l'ombre. Mais lorsqu'une voix amie et indignée vient tout à coup du fond de l'Europe vous révéler une action ténébreuse, diffamatoire, entamée par la voie d'un journal en langue étrangère, dirigée contre vous avec une habileté perverse à 500 lieues de votre pays, auprès d'un public plus facile à tromper, par cela même qu'il peut moins bien apprécier la cause et la source des coups portés en quelque sorte sous le couvert de la distance et dans l'intention manifeste d'atteindre votre caractère et l'œuvre de toute votre vie, l'hésitation n'est plus possible; on est mis en demeure de faire face à l'agression et de dévoiler l'agresseur. Il ne peut même se réfugier dans le silence; l'homme qu'on a cherché à frapper ainsi dans son honneur et dans ses intérêts, en frappant en même temps un établissement littéraire considérable, et que l'agresseur savait très accrédité dans le pays auquel il adressait ses diatribes! En pareil cas, le silence n'autoriserait-il pas, ne ferait-il pas même accepter toutes les accusations du pamphlet?

1

Telle est la situation de la *Revue des Deux Mondes* et de son directeur, et personne, nous l'espérons, ne nous blâmera d'avoir porté notre cause devant la justice française. Encore cependant a-t-il fallu, avant de se décider à une action judiciaire, que la vérité et la défense n'aient pu se faire entendre dans la *Gazette* (russe) *de Saint-Pétersbourg*, qui n'a pas inséré notre réponse aux attaques qu'elle avait publiées contre nous pendant plus d'une année et à des milliers d'exemplaires, — une réponse (relativement modérée) aux agressions de son correspondant de Paris, professeur de littérature du Nord au Collége de France, conservateur de la Bibliothèque Mazarine, M. Philarète Chasles enfin !

Voici en effet la lettre que nous avons adressée à la *Gazette de Saint-Pétersbourg*, mais qui n'a pu paraître, que la censure russe, qui avait donné pendant quinze mois son laissez-passer aux lettres franco-russes de M. Chasles contre nous, n'a pas permis d'imprimer :

« *A Monsieur le Directeur de la* Gazette de Saint-Pétersbourg.

« Monsieur,
« Paris, le 27 avril 1853.

« Un de mes amis m'écrit de Saint-Pétersbourg : « Que s'est-il passé entre la *Revue des Deux Mondes* « et M. Philarète Chasles? M. Philarète Chasles écrit des lettres à une gazette russe très répandue, et « attaque sans mesure et de la main la plus *mauvaise* la *Revue des Deux Mondes*. Il passe aussi en « revue les écrivains français qu'il *maltraite à plaisir*. — C'est peu généreux, parce que, les lettres « de M. Chasles étant traduites en russe et publiées dans cette langue, les personnes attaquées ne « peuvent se défendre. »

« Voici, monsieur, tout simplement ce qui s'est passé entre la *Revue des Deux Mondes* et M. Philarète Chasles; l'explication vaut la peine d'être portée devant le public russe, puisque vous insérez les attaques de cet écrivain contre la *Revue*, où on lui a fait l'honneur de l'admettre autrefois, et contre des écrivains français qu'il n'oserait certes pas attaquer dans son propre pays.

« Mon crime, le crime de la *Revue des Deux Mondes* est grand aux yeux de M. Philarète Chasles : j'ai été forcé d'éliminer M. Philarète Chasles d'un corps de rédaction où figurent tous les noms honorables de notre littérature et de notre pays. Les relations ne sont ni possibles, ni acceptables longtemps avec M. Chasles, et après avoir supporté une foule d'espiègleries, que j'ai souvent et sévèrement qualifiées devant M. Chasles lui-même, j'ai dû renoncer à tout rapport avec lui, ainsi que cela était arrivé avant moi à tant d'autres recueils et à tant d'éditeurs. Vous allez voir cependant si j'ai manqué de patience et de bienveillance avec M. Chasles.

« En juin 1840, M. Chasles vint m'avertir qu'il était poursuivi pour dettes, que sa liberté était menacée. J'allai trouver M. le ministre de l'intérieur, qui avait été l'un des collaborateurs de la *Revue* et qui l'est encore; je le priai de venir en aide à M. Chasles; il lui accorda sur-le-champ un secours de 2,000 francs. — Le 25 novembre 1842, M. Chasles, arrêté pour dettes par deux gardes du commerce, se fit conduire chez moi, pour me prier de le tirer des mains de ses gardiens. Il s'agissait d'une somme de 4,000 francs; j'avais déjà obligé M. Chasles en mainte circonstance, j'étais fatigué de ses sollicitations quotidiennes, et je lui témoignai le regret de ne pouvoir venir à son secours. On écroua donc le jour même M. Chasles à la prison pour dettes, rue de Clichy; mais bientôt j'éprouvai une peine réelle de savoir M. Chasles en prison, et je fis si bien, de concert avec un honorable publiciste, que je réussis à faire sortir M. Chasles de la prison de Clichy, en appelant encore sur lui l'intérêt du ministre de l'intérieur d'alors. — Ce n'est pas tout : M. Chasles, qui prétendait faire une comédie, *Chacun hors de sa place*, pour le Théâtre-Français, que je dirigeais, venait souvent m'entretenir de son projet, qu'il ne pouvait réaliser, disait-il, faute de fonds et de sécurité. Je sollicitai de nouveau la bienveillance du ministre de l'intérieur, qui lui accorda (j'ai encore les pièces en main) un millier de francs ou deux, en divers paiemens, pour une comédie qui n'est jamais venue (1). Voilà pour le côté positif de mes rapports avec M. Chasles, en ce qui touche la protection dont il avait besoin auprès du gouvernement, et, bien entendu, je ne parle ici que des services rendus publiquement.

« Voici ce qui touche à mes rapports purement littéraires avec M. Chasles à la *Revue des Deux Mondes*. M. Chasles, à ce qu'il paraît, ne se faisait pas scrupule de s'approprier par la traduction les travaux des *Revues* anglaises, qu'il signait ensuite de son nom comme des articles originaux. La chose est arrivée plus d'une fois, et dans plusieurs autres entreprises littéraires, où collaborait M. Chasles; mais cette habileté de procédés et d'emprunts fut un jour mise à nu. De nombreuses réclamations se produisirent, — les plagiats de M. Chasles furent même signalés dans un écrit publié

(1) Une preuve seulement de ceci :

Lettre ministérielle du 23 septembre 1845 à M. le commissaire royal près le Théâtre-Français.

« Ministère de l'intérieur. — Direction des Beaux-Arts.

« Monsieur le commissaire royal, j'ai l'honneur de vous annoncer que, sur votre proposition, M. le ministre de l'intérieur vient d'accorder un encouragement de 500 francs à M. Ph. Chasles. L'assurance donnée par vous que dans deux mois cet auteur aurait terminé l'ouvrage qu'il destine au Théâtre-Français et dont vous avez reconnu l'originalité et le mérite littéraire, a déterminé Son Excellence à donner cette preuve de sa bienveillance à cet auteur. Recevez, etc.

« Le maître des requêtes directeur des beaux-arts et des théâtres,　　　　　CAVÉ. »

Deux jours après, nous recevions de M. Chasles la lettre suivante, qui constate aussi tout ce qui précède :

Lettre de M. Chasles à M. Buloz (25 septembre 1845).

« Je vous promets, mon cher ami, *le Kentuckien* pour la fin de juin ; — *la Vie en Dalécarlie* pour fin décembre, — et *les Intrigues des Stuarts*, qui seront prêtes les premières, pour fin février. Je choisis ces termes longs, ayant l'intention de dépasser mes promesses et de me conduire envers vous de manière à vous servir autant par l'exactitude que par le choix des travaux; il me semble que vous avez éprouvé que quand je le veux, je le puis. Les prix me semblent inférieurs à ce que je puis prétendre; mais j'entre dans votre situation et je n'appuie pas là-dessus. Je vous remercie de la peine que vous vous êtes donnée et de l'intérêt que vous me montrez. Je vous demande, comme condition très expressément importante pour moi, la remise prompte et à terme fixe des 450 francs ; sans eux, je périclite; j'ai à remplir un engagement demain, et si je manque à ma parole, la réorganisation de mes affaires croule. Je vous prie de ne reprendre ces 500 francs que sur les travaux du mois de janvier, afin de dégrever d'autant la fin de mon année. Quant aux autres avances, s'il y en avait, payez-vous sur mon premier article, qui sera l'*Histoire de la Création*, et que je vous promets, en dehors de notre traité, pour la fin d'octobre. Il se présentera sans aucun doute d'autres bons articles à faire et des moyens de vous servir; je *suis fort dévoué* à la *Revue*, que *je regarde comme un dernier et unique foyer littéraire, et je la soutiendrai de tous mes efforts.* Si cette comédie réussit, mon revenu étant allégé du fardeau qui l'oppresse depuis quinze ans, et que l'éducation de mes fils a rendu si lourd, je n'aurai plus à soigner que mon intérêt littéraire, qui coïncide parfaitement avec le vôtre, et ce qui serait pour moi aujourd'hui un sacrifice impossible deviendra une chose naturelle et utile pour nous deux. Quand voulez-vous que *je signe ce traité? et à quand ces* 450?

« Mille bons remerciemens, et je vous serre la main. *Si je trouve M. Duchâtel un peu réservé dans le témoignage d'estime qui m'est adressé, je ne puis qu'être reconnaissant des courses que vous avez faites et du mal que vous vous êtes donné pour me servir,* ce que je vous rendrai bien.

« Votre très dévoué　　　　　CHASLES. »

à Paris, en 1847, par M. Lefebvre-Deumier, aujourd'hui bibliothécaire de l'empereur, sous le pseudo nyme de Lazare Monck, dans *l'Artiste, Revue de Paris*, et plus tard dans la *Revue de Genève*, par un autre écrivain; enfin les plaintes devenaient si fréquentes à l'endroit de M. Chasles, les relations avec cet écrivain étaient si peu d'accord avec la dignité des lettres, exposées à tant d'incidens fâcheux et compromettans, qu'il fallut les rompre tout à fait.

« M. Ph. Chasles fut donc éloigné de la rédaction de la *Revue des Deux Mondes*. Il s'en venge aujourd'hui en vous écrivant des lettres contre ce recueil et contre les écrivains français, qu'il attaque chez vous, mais qu'il caresse ici afin d'obtenir leurs suffrages pour entrer à l'Académie Française. Je doute que cette tactique lui réussisse; en tout cas, quand on connaîtra bien M. Chasles en Russie, je suis sûr qu'on y appréciera la moralité de cette conduite comme on le fait ici. Je n'ajouterai plus qu'une observation : M. Chasles passe pour avoir eu recours déjà à ces procédés, à des correspondances obscures dans les journaux anglais; il est douteux qu'il trouvât maintenant en Angleterre un journal accrédité. M. Chasles est un écrivain qu'on peut employer quand on ne l'a pas trop vu à l'œuvre; on cesse de l'employer quand on le connaît mieux, quand on a pu l'apprécier à loisir et sous toutes ses faces littéraires, et je m'en remets au temps, monsieur, à un temps peu éloigné sans doute, pour rompre des relations que la connaissance imparfaite de la vie des lettres à Paris a pu seule laisser former.

« La *Revue des Deux Mondes* a toujours montré de la sympathie pour votre littérature et les écrivains russes, à qui elle a souvent donné l'hospitalité. A votre tour, vous ne lui refuserez pas un jour de cette hospitalité pour expliquer à ses nombreux lecteurs en Russie les motifs qui font agir M. Chasles, et j'attends de votre impartialité l'insertion de cette lettre pour réduire à leur valeur les insinuations calomnieuses qu'il vous envoie de Paris. Je n'ai pas l'habitude de répondre aux critiques qu'on peut adresser quelquefois justement à la *Revue des Deux Mondes* et à ses honorables collaborateurs; mais quand des attaques du genre de celles qu'on me signale se produisent à une telle distance de Paris, et venant de la plume intéressée d'un homme congédié d'au milieu de nous, je devais au public russe de le mettre en garde contre des procédés que je lui laisse le soin de qualifier.

« Agréez, monsieur, l'assurance de mes sentimens distingués,

« F. Buloz,
« Rédacteur en chef de la *Revue des Deux Mondes*.

« Paris, le 27 avril 1858. »

Ce n'était pas seulement dans ces deux circonstances que nous nous étions empressé de venir au secours de M. Chasles. Une lettre de lui en date du 15 juillet 1842, que nous retrouvons dans nos papiers, nous rappelle un autre épisode des menaces qui planaient sans cesse sur la liberté de M. Chasles. Nous fîmes part de cette triste extrémité au ministre de l'instruction publique de 1842, et nous le priâmes de donner un secours de 500 francs sur le fonds des lettres de son ministère, offrant d'avancer 500 francs de notre côté, afin d'assurer encore momentanément le repos d'un écrivain. M. le ministre de l'instruction accorda généreusement ce que nous sollicitions de sa bienveillance pour un autre et à la demande de celui-ci; la lettre suivante de l'obligé apprend d'ailleurs comment se termina cette affaire et comment il fallut escompter nous-même la promesse du ministre :

Lettre de M. Chasles du 15 juillet 1842.

« Mon cher maître, voici ce que je vous demande comme nécessité absolue. *Donnez-moi les 250 qui restent sur l'affaire que Villemain a promise*, et ajoutez-y 350 francs sur les 400 de mon dernier article *Romans*. Vous savez que j'ai fait tout ce que vous avez voulu et que je ne me suis pas ménagé. Servez-moi : sans cela, le découragement du passé me reprendra.

Il est de votre politique de me laisser croire que vous vous intéressez fortement à moi. Ces 600 francs, dont le besoin est urgent, donnez-les tout de suite. Vous ne hasarderez ou perdrez rien; *l'ordonnance Villemain vous est promise sous peu,* et vous vous paierez de 500 fr. Je serai à Paris lundi, et j'espère trouver chez vous M. D...... (1). Faites-moi savoir à quelle heure. Si cela ne réussit pas, je ferme mes livres, je vais vivre à la campagne, car je suis *déterminé* à renoncer à une lutte sans fruit et sans honneur. Mais si vous voulez être avec moi aussi serviable que *vous êtes fin et capable,* si vous agissez pour moi, vous terminerez aisément mes embarras; vous arrangerez mon affaire, et en ayant un grand et noble droit à ma reconnaissance, vous servirez la *Revue,* que vous maintenez avec tant de persévérance et d'habileté.

    « A vous,

                                             « CHASLES. »

« Institut, 15 juillet 1842. »

Qui croirait qu'après des témoignages d'intérêt de cette nature prodigués à M. Chasles, sans compter des services de tout genre et de chaque jour, même en avances personnelles d'argent (nous avons encore en nos mains un reçu de M. Chasles qui le constitue notre débiteur particulier, pour une faible somme, il est vrai); qui croirait que la *Revue des Deux Mondes,* qui l'avait accueilli, que son directeur, qui l'avait tant aidé, seraient l'objet persistant à Saint-Pétersbourg des attaques violentes et grossières de cet écrivain, deux fois fonctionnaire français et pourtant devenu journaliste en Russie pour y rabaisser son pays, qui l'a également si bien renté?

La chose n'est pourtant que trop notoire. C'est qu'il est des hommes pour lesquels on n'a rien fait lorsqu'on cesse de faire; c'est qu'aussi nous avions refusé de servir toutes les ambitions de M. Chasles (il nous serait facile, si nous ne craignions de fatiguer nos juges, d'établir toutes ces assertions par les lettres mêmes de M. Chasles); c'est que pour des actes très peu convenables à notre avis, nous avons dû nous séparer de l'écrivain, et nous avons dès lors encouru la disgrâce de M. Chasles, qui n'a pas hésité à se faire journaliste en Russie pour nous y poursuivre plus sûrement et y exercer *ses vengeances,* ainsi qu'il le faisait déjà de son propre aveu (lui alors notre collaborateur!) en Angleterre, ainsi qu'il nous en menaçait d'ailleurs dans une lettre du 16 octobre 1848, adressée à M. de Mars, gérant de la *Revue des Deux Mondes,* parce qu'il croyait avoir à se plaindre d'un article tout bienveillant de M. Charles de Mazade, trop bienveillant certes pour l'écrivain qui s'est si tristement dévoilé depuis. (On peut lire cet article sur les œuvres de M. Chasles, inséré dans la *Revue des Deux Mondes* du 15 août 1848, et la principale cause des rancunes secrètes de l'écrivain, qu'on avait refusé de présenter comme un candidat incontestable à l'Académie française.) « Je n'ai rien à reprendre, disait M. Chasles dans cette lettre du 16 octobre 1848, et rien à dire que ces paroles que je traduis d'une revue anglaise récente, paroles dont vous devinerez l'auteur (c'est-à-dire M. Chasles lui-même) : « Pour ces per-

---

(1) M. D......, à ma prière, consentait à se charger de la gestion des affaires embarrassées de M. Chasles pour le délivrer de ses créanciers, en leur assurant une répartition mensuelle et en assurant aussi le repos et l'existence de M. Chasles et de sa famille.

sonnes (M. Buloz), la dernière médiocrité politique est respectable, et le plus honnête
« qui tient la plume méprisable. » Je saurai me venger de ce mépris : ce sera venger les
honnêtes gens ; *j'y mettrai le temps, la patience et la prudence.* — Philarète Chasles. »

Les honnêtes gens ! On vient de voir ce qu'il faut penser de cette prétention. Et se venger !
De quoi ? De ce qu'on ne *pouvait* faire de M. Chasles un académicien. (« Je pense à vous ;
mais vous (disait-il dans une autre lettre entre nos mains), *vous portez mon rival Nisard !* »)
Se venger ! De quoi encore ? De ce qu'on ne voulait pas satisfaire à tous ses besoins d'argent !
On conçoit le sentiment que dut soulever en nous une révélation aussi inattendue que celle
que contenait la lettre de M. Chasles du 16 octobre 1848, et combien elle devait rendre inévitable une séparation que commandaient les bienséances.

M. Chasles se fit donc journaliste russe pour réaliser les menaces qu'il nous avait adressées.

Il y a eu du 6 mai 1852 au 1ᵉʳ juillet 1853 trente-quatre lettres de M. Chasles publiées
dans la *Gazette* (russe) *de Saint-Pétersbourg;* mais nous n'avons pu nous procurer tous
les manuscrits français originaux de M. Chasles. Le journal russe n'a pas consenti à se
dessaisir de tous les manuscrits ; le rédacteur en chef de la feuille russe (M. Otschkine) a
voulu garder la plus grande partie des lettres originales de M. Chasles pour mettre sa bonne
foi à couvert, et il a lui-même nettement tracé les causes déterminantes de sa conduite, lorsqu'en renvoyant M. Chasles du sein de sa rédaction, quand M. Chasles s'est mieux fait
connaître, il l'a congédié dans les termes suivans, publiés à la fois en russe dans la *Gazette*
russe, et en français dans le *Journal de Saint-Pétersbourg* (journal officiel du gouvernement) du 26 juin (6 juillet) 1853, à la demande même du rédacteur en chef de la *Gazette*
russe. Nous donnons ici cette déclaration, dont l'imprimé se trouve au dossier dans le *Journal de Saint-Pétersbourg :*

« Nos lecteurs ont déjà connaissance d'un procès littéraire très désagréable pour nous,
puisqu'il a été intenté contre un de nos correspondans, M. Philarète Chasles, qui s'est rendu
coupable d'attaques dirigées contre M. Buloz, directeur de la *Revue des Deux Mondes.* Ce
n'est point à nous de juger l'affaire ; mais nous croyons de notre devoir d'annoncer : 1° que,
ne voulant pas donner lieu à des discussions qui nous sont étrangères, mais néanmoins
fort désagréables, nous interrompons, *avant la fin du procès,* toutes relations littéraires avec
M. Philarète Chasles ; 2° que toutes ses lettres qui ont paru jusqu'à présent dans la *Gazette*
(russe) *de Saint-Pétersbourg* (gazette de l'Académie) ont été traduites par le soussigné ;
3° que plusieurs expressions y ont été omises, mais que rien n'y a été ajouté, la rédaction
s'étant vue obligée d'ailleurs de remplacer quelques mots par d'autres à peu près équi-
valens, *mais moins durs;* enfin que l'original des lettres de M. Philarète Chasles est déposé
à la rédaction de la *Gazette* (russe) *de Saint-Pétersbourg.*

« A. OTSCHKINE,

« Rédacteur de la *Gazette* (russe) *de Saint-Pétersbourg* (gazette de l'Académie). »

Encore la direction de la *Gazette* russe n'a-t-elle consenti à nous confier quelques lettres
originales de M. Chasles que quand elle a vu accuser sa propre bonne foi par M. Chasles lui-
même, qui n'a pas craint de dire : d'abord que sa pensée avait été dénaturée par le traduc-
teur, puis qu'il ne pouvait être considéré comme l'*auteur réel* de ces lettres, ainsi qu'on peut

le voir dans les conclusions judiciaires qu'il nous a signifiées le 5 novembre 1853 (1), enfin qu'il n'avait jamais été le correspondant du journal russe. C'est alors que la direction de la

(1) Voici ces conclusions : « En un mot, M. Philarète Chasles accepte la responsabilité des *Lettres françaises qu'il vient de publier, des lettres qu'il a autorisé à publier, qui sont son fait*, mais nullement la responsabilité de ce qui a paru en langue russe, qui ne lui est plus imputable, et qu'il présente comme les originaux des lettres traduites. »

(M. Chasles a bien annoncé : d'abord dans une lettre signée de lui et insérée dans les *Débats* du 3 juin 1853, à propos d'une note publiée, sur le procès qu'on allait lui intenter, par la *Revue des Deux Mondes* du 1er juin, puis dans le *Journal de la Librairie* du 17 septembre 1853, qu'il allait publier en un volume in-8° ses *Lettres russes et américaines* (M. Chasles a proclamé en effet avec son audace ordinaire qu'il nous attaquait aussi en Amérique); mais jusqu'ici il n'a rien publié en France, et quand il nous faisait adresser ses conclusions judiciaires le 5 novembre 1853, il savait parfaitement qu'il en imposait en parlant des *Lettres françaises* qu'il *vient de publier*.)

« Si M. Buloz prétend le contraire, qu'il le prouve, et cette preuve est impossible, car il ne peut donner qu'une traduction française des lettres russes faite sur ces lettres, ce qui ne représente pas l'original français sur lequel a été faite la traduction. »

(M. Chasles s'est trompé dans ses calculs. Grâce à l'intervention de l'ambassade de France à Saint-Pétersbourg, nous avons maintenant en nos mains une partie des lettres originales de M. Chasles dirigées contre nous.)

« Dans ces termes, M. Chasles conclut à ce qu'il plaise au tribunal :

« Attendu qu'aux termes de l'art. 1382 du Code Napoléon, tout fait quelconque de l'homme qui cause à autrui un dommage oblige celui par la faute duquel il est arrivé à le réparer;

« Attendu qu'il résulte des termes de cet article que celui qui l'invoque a deux preuves à faire contre celui qu'il attaque, d'abord la preuve qu'il a éprouvé un dommage, et en outre la preuve que ce dommage est le fait de ce dernier;

« Attendu que dans l'espèce la *Revue des Deux Mondes* n'établit nullement la preuve du dommage causé, que cela seul devrait la faire renvoyer de sa demande;

« Attendu que la *Revue des Deux Mondes* n'aurait pas encore gagné ce procès alors qu'elle eût fourni la première preuve, qu'elle devrait encore établir que l'œuvre russe est le fait de M. Chasles;

« Attendu que pour établir que la *Gazette* russe a publié des lettres diffamatoires de M. Chasles, elle ne promet même pas au tribunal une traduction officielle qui permette au tribunal d'apprécier; qu'elle s'est contentée de communiquer les numéros mêmes de la gazette russe qui sont indéchiffrables pour le tribunal;

« Attendu d'ailleurs que Chasles décline la responsabilité de ces ouvrages, qu'il ne connaît même pas, étant tout à fait étranger à la langue russe;

« Qu'en effet la publication commencée n'est pas l'œuvre de Philarète Chasles, qui ne peut l'accepter comme propre avec les transformations résultant de la censure et de la traduction en langue russe;

« Que Chasles ne peut être responsable que du travail de l'ouvrage tel qu'il l'a vendu, tel qu'il l'a livré;

« Qu'ainsi la question se trouve déplacée, en ce sens que Chasles ne pourrait être passible que du dommage qu'il aurait causé par l'ouvrage tel qu'il a été envoyé à l'éditeur, non à raison des feuilletons qui ont paru dans la *Gazette de Saint-Pétersbourg*, qui, s'ils ne sont pas conformes au manuscrit, ne peuvent donner lieu à une action de la part de la *Revue des Deux Mondes* que contre le directeur de la *Gazette*;

« Attendu que la *Revue des Deux Mondes* ne fournit pas cette preuve et doit encore pour ce motif être déboutée de sa demande;

« Par ces motifs :

« Déclarer la *Revue des Deux Mondes* non recevable, mal fondée en sa demande, l'en débouter,

« La condamner aux dépens dont distraction, etc. »

Gazette russe, qui avait antérieurement déjà fait engager M. Chasles, par un libraire de Paris, à se tenir dans une ligne plus réservée à l'égard des personnes, qui avait d'ailleurs depuis jugé sainement une démarche tentée auprès d'elle par M. Chasles pour rentrer en possession de ses manuscrits, et sans doute les faire disparaître ou les modifier à sa guise; c'est alors que la *Gazette* russe commença à pressentir la vérité, et il faut avouer que la lettre qu'elle reçut de M. Chasles était bien faite pour servir notre cause. Voici la lettre de M. Chasles, du 31 mai 1853, à M. Kraïewski, propriétaire de la *Gazette* (russe) *de Saint-Pétersbourg* :

« Monsieur,

« J'ai eu l'honneur d'adresser à M. Otschkine mes condoléances pour ses malheurs personnels, en joignant à ma lettre les numéros I, puis successivement II, III et IV de notre correspondance. Je n'ai encore reçu aucune nouvelle de lui, ce qui me détermine à vous adresser cette lettre Vᵉ, qui réclame de votre courtoisie et de votre habitude du monde une réponse aussi prompte que possible. Je suis accusé à Paris, et vous aussi, monsieur, d'avoir inséré et publié dans notre correspondance des injures graves et outrageuses contre des personnes de haut rang dans mon pays. La difficulté de traduire du russe en bon français et d'atteindre à la complète identité des mots favorise leurs mauvais desseins, qui ne vont à rien moins qu'à me présenter comme un espion de la Russie, soldé par elle, calomniateur des femmes et des hommes, et recevant deux salaires, celui de mes articles et celui de votre police. Vous-même, monsieur, êtes publiquement accusé d'avoir dit que vous étiez charmé d'avoir *à écraser la France* et de la voir *bafouée* par un *Français*. Ces infâmes calomnies, dont l'expansion n'a rien d'étonnant dans l'état de société et de commérage extraordinaire où nous vivons, ne peuvent être réfutées *que par mon propre manuscrit français que vous avez, et que je vous redemande avec la plus vive instance et dans un délai assez bref,* pour que je puisse, par la simple exhibition de mes paroles françaises, de mes expressions dans leur réalité, de mes phrases, de mes anecdotes, de mes critiques, fermer victorieusement la bouche à mes assaillans. Ils ne vont à rien moins qu'à me chasser de France, à renverser ma chaire, à détruire mon honneur, à m'enlever la position définitive que les plus constans et les plus honorables travaux m'ont acquise. C'est donc au nom de mon *honneur,* que j'estime au-dessus de tout, et en considération de la redoutable difficulté d'une défense, même la plus juste, au milieu d'ennemis acharnés, que je vous redemande l'*original* de mes manuscrits, lesquels réfutent *tout,* et sans lesquels ma partie devient presque impossible à soutenir.

« Agréez, monsieur, *en attendant votre envoi,* mes complimens dévoués et très empressés.

« PHILARÈTE CHASLES.

« 31 mai. »

On voit que le langage de M. Chasles à Paris, même dans ses conclusions judiciaires, et dans ses instances à Saint-Pétersbourg, pour remettre la main sur ses manuscrits, est bien différent. Et comme une conscience troublée lui fait entrevoir des hypothèses auxquelles lui seul peut-être a pensé! Quoi qu'il en soit, on va voir comment M. Kraïewski répondit aux instances de M. Chasles. C'est même depuis, en considérant sans doute ces deux langages si divers, celui de M. Chasles à Paris, déclinant la responsabilité de ses œuvres, et celui de

M. Chasles à Saint-Pétersbourg, redemandant ses manuscrits; c'est même depuis que la direction de la *Gazette* russe consentit à nous communiquer quelques lettres originales de M. Chasles pour édifier la justice sur la valeur des assertions et la loyauté de M. Chasles.

Bien que dans ces lettres originales en notre possession il n'y en ait que quatre concernant la *Revue des Deux Mondes*, elles suffisent amplement à prouver les mauvais desseins de M. Chasles, le plan suivi avec préméditation et perfidie contre un homme et une entreprise littéraire dont M. Chasles n'avait reçu que des services, pour nuire gravement, dans un pays étranger facile à tromper, à un établissement qui lui avait donné asile.

Les deux autres lettres de la main de M. Chasles, datées du 9 juillet 1852 et du 31 mai 1853, ont trait, l'une aux *conditions d'argent* que M. Chasles avait obtenues du journal russe, et celui-ci nous l'a communiquée pour prouver, contrairement à l'assertion de M. Chasles à Paris, que cet écrivain *était bien son correspondant soldé;* l'autre, à la tentative faite par M. Chasles, lorsqu'il s'est vu poursuivi, pour ravoir ses manuscrits. Voici du reste la traduction d'une lettre de M. Kraïewski, propriétaire du journal russe, qui apprécie comme il convient la tentative de M. Chasles pour rentrer en possession de ses manuscrits :

« Ph. Chasles, n'ayant pas encore terminé son affaire avec M. Buloz, tombe sur moi à cause de mon refus de lui renvoyer ses feuilletons originaux (pas si bête, — il les aurait anéantis!). Il me dit les injures les plus violentes; il s'attend bien que je ne lui répondrai pas. En attendant, l'ambassade française ici, ayant reçu de M. Buloz une demande, exige de moi l'envoi de ces originaux, sans lesquels le procès ne peut pas se terminer. Mais comment donner cela? Ce sont des documens importans; moi et M. Otschkine, nous avons demandé à M. Westmann de certifier les copies; mais celui-ci nous l'a refusé nettement, en objectant que ce n'est pas l'usage, lorsque la personne qui a signé les originaux n'est pas présente. En attendant, l'ambassade nous presse, et par suite de cela nous avons, d'après l'avis de M. Westmann, directeur de la chancellerie du comte Nesselrode, jugé convenable d'envoyer ces documens à M. Lippert, afin qu'il les montre à qui de droit, sans les laisser sortir de sa main; M. Buloz pourra en prendre copie, la faire légaliser selon l'usage, et on nous restituera les originaux. Je vous rends responsable de la restitution de ces papiers. Ainsi se terminera, je l'espère, l'affaire avec ce malheureux, que nous abandonnons avec plaisir à toute la sévérité de la justice française. »

Si l'on ajoute à ces lettres originales publiées en Russie contre la *Revue des Deux Mondes* les fragmens fidèlement traduits d'autres lettres de M. Chasles, on a mieux encore le secret des *vengeances* tentées en russe par cet écrivain contre un recueil qui l'avait comblé, mais qui ensuite avait été forcé de se séparer de lui. Et le succès de cette machination, conduite dans l'ombre avec un soin pervers pendant plus d'un an, qui n'a été découverte et déconcertée que par le voyage fortuit en Russie d'un collaborateur de la *Revue des Deux Mondes* (M. Ch. de Saint-Julien), qui s'est donné la tâche généreuse (cela console des ingratitudes de M. Chasles) d'éclairer la religion surprise de la *Gazette de Saint-Pétersbourg;* le succès de cette machination s'est traduit par une perte sensible, à la fin de 1853, dans le nombre des abonnés de la *Revue* en Russie, où elle comptait jusque-là 1,000 souscripteurs.

Veut-on encore une preuve du succès de cette intrigue? On la trouvera non-seulement dans le fragment de lettre d'un poète russe traduisant, avec le texte russe en regard, un passage d'un article de M. Chasles publié à Pétersbourg (voir plus bas), mais encore dans une lettre de Russie (avec le timbre de la poste, 22 septembre 1853) de M. Valentin de Mazade à son frère, M. Charles de Mazade, l'un des collaborateurs de la *Revue des Deux Mondes*, lettre dont nous copions les lignes suivantes, et qui figure également au dossier :

« J'ai trouvé, dans la *Revue* du 1er *juin* (1), que nous venons de recevoir, la clé d'une conversation que j'ai eue avec un sénateur dont je t'ai déjà parlé dans une dernière lettre, et de plusieurs autres conversations aussi. On me parlait de la *décadence* de ce recueil, de ses *embarras financiers et politiques,* on annonçait même *une chute* que la retraite des hommes de talent semblait rendre très prochaine. Serait-ce à la correspondance de Chasles que vous devez cela? »

Voici la partie de cette correspondance que nous avons entre les mains.

COPIE ET EXTRAITS

DE LETTRES ORIGINALES DE M. CHASLES

PUBLIÉES DANS LA GAZETTE RUSSE DE SAINT-PÉTERSBOURG.

« Paris, 10 mai 1852.

« Les *revues littéraires* s'adressent à quelque capitaine de vaisseau qui a fait le tour du monde et qui a quelques notes en portefeuille, à quelque politique qui veut prouver au monde que le monde, en l'écoutant, se serait sauvé. M. Mérimée défend M. Libri qui, vous le savez, s'est retiré à Londres frappé d'une accusation que je n'ai point à discuter ici. Le parquet s'empare de l'affaire et attaque M. Mérimée pour mépris envers la magistrature, les magistrats et la loi. C'est toute une armée de libristes et d'anti-libristes. *La chose d'ailleurs ne peut profiter à personne qu'à un certain Méphistophélès savoyard (2) dont je ne peux pas trop vous dire le nom, espèce de Gil Blas ignoble et de Figaro sans esprit, dont le portrait*

---

(1) L'auteur de la lettre écrit par erreur 1er mai.

(2) A cette odieuse imputation de M. Chasles, M. Mérimée lui-même fera la réponse suivante dans une lettre adressée à M. Buloz :

« Paris, 16 juillet 1853.

« Mon cher monsieur,

« J'ai lu avec indignation les phrases que vous avez extraites de la *Gazette de Saint-Pétersbourg*. Tous ceux qui nous connaissent savent que, dans l'affaire du procès de M. Libri, ni vous ni moi n'avons été guidés par un autre motif que par la conviction de l'innocence de l'accusé et par l'intérêt qui s'attache à sa situation. Bien que vous n'ayez pas été à la Conciergerie à l'occasion de cette affaire, vous avez eu à craindre pendant quelque temps les conséquences d'un premier avertissement; vous avez eu *votre* amende à payer, et vous vouliez vous charger de payer *la mienne*. Voilà ce que vous avez gagné ici à votre générosité. Il paraît qu'elle vous a valu encore des calomnies à Saint-Pétersbourg; mais comment s'en défendre dans ce monde?

« Adieu, mon cher monsieur, recevez l'assurance de tous mes sentimens dévoués.

« P. MÉRIMÉE. »

que je me charge d'achever un jour sera une des pages les plus déshonorantes et les plus viles de cette époque et de ce pays (1).

« Voilà ce qui réduit la littérature aux abois; c'est qu'elle n'est plus littéraire, elle se laisse dominer, dompter, parquer, saigner, mutiler, *mettre au bagne*, non pas par le gouvernement et le pouvoir, qui ne s'occupent plus de cela, mais par le premier boutiquier, manant ou marchand de melons qui, ne sachant pas lire, espère réaliser quelque bénéfice sur le papier blanc imprimé et vendu.

« Comment se crée aujourd'hui et s'est créé depuis vingt ans, en France, un recueil littéraire? Vous ne sauriez vous en faire une idée. Tout ce qui, du temps de Voltaire et même de l'abbé Delille, s'appelait critique, mouvement intellectuel, goût et doctrine, est absolument absent. *De même que la femme réduite à la vente et à l'achat perd son prix, la littérature ravalée jusqu'à ces bas-fonds commerciaux perd toute sa valeur* (2).

« Quand vivaient Marmontel et Mme de Tencin, l'homme de lettres dominait le capitaliste; sous l'empire, le littérateur se créait un petit monde spécial et brillant, à part du monde guerrier. Aujourd'hui et depuis près de trente ans, c'est le *gros sou* qui mène la littérature, c'est lui qui l'emporte en France sur l'esprit et qui domine toute la sphère de l'intelligence. Notre public blasé n'a plus qu'un appétit vague et sans choix; faute de goût pour rien, les entrepreneurs de *curiosités* le satisfont; ce sont eux qui s'emparent de la critique littéraire et universelle comme d'un fonds à exploiter. Se donner pour de purs marchands, avouer leur but ne serait pas chose facile; cela n'engagerait personne à acquérir leurs fournitures. *Ils se donnent pour amis des lettres, propagateurs*, disent-ils, *de la philosophie et de l'art, marchant à la tête de la société, gouvernant les idées et les mondes du fond de leur* BOUGE *et de leur cupide ignorance;* — possesseurs de doctrines et même de toutes les doctrines au moyen de certaines formules systématiques et vagues qui s'adaptent à tout, procédés commodes et mécaniques, ils se substituent sans façon à la critique et au savoir. L'œuvre prétendue intellectuelle se fait ainsi, à l'emporte-pièce, dans leur atelier, sous leurs yeux, style et idées, par des *mains vénales quelconques*, comme le drame se fait aussi au métier. Le public n'y regarde pas; qu'il achète, le reste n'est rien. Pour le forcer à acheter et lui offrir un appât agréable, Dieu sait quels moyens on emploie !

« *On prend des noms célèbres que l'on met sur une affiche, et ces noms, pères du succès,*

(1) Ici M. Chasles n'ose pas trop dire le nom qu'il veut atteindre et flétrir; mais bientôt il perd cette prudente allure, comme on le verra dans la lettre originale du 6 septembre 1852, dont nous extrayons le passage suivant : « Les produits financiers de ces petits drames (ceux de Mme Sand) étaient beaux, et, au lieu de quelques cents francs que M. *Buloz de Savoie* avait laissé tomber jadis d'une main avare, pour d'excellente prose, dans l'encrier de George Sand, en lui disant *les injures dont il est prodigue*, c'était ici quelque trentaine d'excellens billets de banque qui arrivait à l'auteur. »

(2) C'est ainsi que parle l'écrivain qui a su tirer un si bon parti de tant d'entreprises littéraires auxquelles il a concouru, qui leur a vendu ses plagiats anglais et américains! Non-seulement M. Chasles, qui se transforme ici en un moraliste austère et désintéressé, vend très bien sa prose en France comme en Russie, comme en Amérique, à quiconque en un mot veut l'acheter; mais il aime particulièrement à toucher son argent avant de donner sa prose, qui ne vient pas toujours exactement, ainsi qu'on a pu le voir plus haut par ses lettres mêmes, lesquelles tiennent rarement ce qu'elles promettent avec tant de largesse. Il faut se défier des gens qui font de la morale à tout propos.

ne contribuent jamais à l'œuvre, ou bien on leur permet de se faire remplacer par des plumes inconnues et inférieures, ou bien encore on spécule sur les plus grossières passions de l'époque, sur les haines politiques, sur les plus amères rancunes, sur les ambitions rivales, sur ce qu'on appelle les intérêts. De littérature, pas un mot; de pensée, d'idéal, de style, de vérité, enfin d'intelligence, pas un mot.

« Le seul but en cela comme en mille autres choses de notre monde, *c'est d'attraper son public et de gagner de l'argent.* Pour cela, on se pose infiniment sérieux; c'est le premier point. On se donne l'apparente importance d'une fausse gravité, d'une recherche consciencieuse, d'une exactitude ponctuelle; on affiche de toutes parts que le public sera tenu au courant des choses contemporaines, on exécute ce que les Anglais appellent le *make-believe* (l'escamotage). On a l'air de tout passer en revue; on a, dit-on, des correspondances en Afrique et en Abyssinie; *on accomplit avec un aplomb sans pareil la fraude commerciale* (1). On se pare d'un titre immense et éclatant qui ajoute au faux sérieux des appréciations, à la fausse sévérité des dogmes; on affecte l'esthétique la plus lourde et l'axiome le plus sec; on prodigue le fait et la date, la statistique et l'officiel, le tout pour compléter cet amas de *simulacres vains et contradictoires,* — et pour cacher le creux, le vide et le néant sous le voile d'une gravité dure, *on publie de faux renseignemens ornés de faux noms et armés d'une critique d'une fausse sévérité;* en deux paroles, *on réussit à imposer* par la lourdeur, *à en imposer par la ruse;* — c'est *une duperie,* et le public l'accepte, parce que tout cela lui est profondément égal.

« Un tel problème, au xvii* ou au xviii* siècle, le plus habile n'en fût jamais venu à bout. De *quel rire inextinguible Voltaire eût-il poursuivi* une *Revue des Deux Hémisphères* (2), qui eût été dirigée par *quelque douanier financier de dernier étage, sous-traitant ou exempt de maréchaussée, qui eût tenu sous sa férule une escouade d'obscurs plumitifs occupés à tromper l'Europe en fabriquant de fausses nouvelles et de fausses critiques sous des noms menteurs?* Imaginez Bayle ou Saint-Simon, et avant eux Pascal ou Fénelon, jugeant au point de vue de la vérité et du goût cette confusion, cette mort, ce chaos, ces prétentions, *ces mensonges,* ces systèmes qui n'ont aucune foi en eux-mêmes, — enfin ces Babels ridicules composées de mille petites Babels particulières, protégées seulement par l'intérêt d'une coterie.

(1) Ainsi plus haut et ici, M. Chasles ne craint pas d'accuser les revues ou plutôt la *Revue des Deux Mondes* de *fraude commerciale,* de *faux intellectuels,* d'afficher de *faux noms* pour tromper le public. M. Chasles veut absolument oublier que la loi de 1850 oblige, sous peine d'amende, à signer d'un nom réel tous les travaux publiés dans un journal ou dans un recueil. Jamais imputation plus méchamment calomnieuse ne fut envoyée au dehors pour discréditer un des premiers établissemens littéraires de l'Europe. Il n'y avait guère à cette date d'autre recueil que la *Revue des Deux Mondes,* comme le constatent même d'ailleurs les lettres postérieures de M. Chasles annonçant avec fracas, pour déprécier encore la *Revue des Deux Mondes,* les tentatives de *revue* qui ont été faites depuis.

(2) M. Chasles sent bien ici qu'il tombe sous le coup de la loi, et il a soin de mettre *Revue des Deux Hémisphères.* La gazette russe, qui n'est pas complice des petits calculs de M. Chasles, qui n'y entend pas malice d'ailleurs, traduit tout simplement la *Revue des Deux Hémisphères,* comme tout lecteur aurait traduit et l'a entendu en effet, par les mots *Revue des Deux Mondes,* ainsi qu'on peut s'en assurer dans le texte russe. Et si M. Chasles a voulu finasser ici, échappe-t-il pour cela à la responsabilité de son action? N'est-ce pas lui qui a chargé l'arme dirigée contre nous?

« Nous ne voyons pas tout cela en France, parce que nous ne sommes pas littéraires. « Les gens les plus spirituels et les plus haut placés, disait très bien récemment M. de Sainte-Beuve, font semblant de lire et ne lisent plus. » Cela est vrai, on ne s'inquiète que de ses intérêts individuels; mais, comme on n'est pas fâché de paraître se connaître en beau style, de protéger les philosophes et de juger lestement ce qu'on n'a pas même parcouru, on achète où l'on emprunte le recueil célèbre, la *Revue* autorisée. On ne la juge pas, on n'en coupe pas même les feuillets. *Quelle proie facile qu'un tel public pour le pirate et le spéculateur !* Celui-ci est certain de sa vente quand il se met sous la protection d'un parti, d'un groupe vainqueur ou battu, de quelques ambitions à servir et de quelques intérêts à venger; *qu'il y joigne un peu de cet art ignoble des temps troublés et perdus des carrefours et des clubs révolutionnaires que Mallet Du Pan admirait chez Collot d'Herbois, Hébert et Marat : influer par le mensonge, pleurer à propos, brouiller les rivaux, se servir des haines et exploiter la calomnie; être sans pudeur, sans foi, sans réputation, sans idée, sans bravoure, et très actif de son corps, on réussira* (1). Ce qui est étrange autant que profondément caractéristique, c'est qu'un tel spéculateur, s'il était intellectuel ou seulement lettré, réussirait moins. La *Revue Française*, dirigée par M. Guizot, était pleine d'excellens morceaux; elle n'a pu se soutenir, elle était trop littéraire (2).

« De combien de petits ressorts infimes cette basse comédie se compose, c'est ce que je ne puis guère vous indiquer. *On va dans les ministères, on capte les commis, on circonvient un homme politique mécontent; on lui promet un appui contre ses ennemis, surtout on lui offre d'abîmer ceux qui lui déplaisent; on sert ses vengeances; on sait au juste quel chemin de fer demande à être protégé; on se tient à l'affût des rivalités littéraires que l'on excite et des jeunes talens qui sont bien aises de se faire jour sans demander d'argent.* Si, par bonheur, toute une portion d'un groupe social est mécontente, on va droit à lui, on lui *offre son escopette.* Et tout cela sous le manteau de la moralité la plus stricte et du plus grand sérieux! *Avant tout, on est grave, même brutal; c'est ce qui nous séduit le plus en France. J'ai beaucoup connu et beaucoup vu le plus impudent de ces exploiteurs ou manipulateurs de la littérature marchande; c'est un vrai type, un portrait d'Aristophane, un peu sourd, un peu borgne, se faisant plus sourd et plus borgne que le bon Dieu ne l'a inventé* (3); *c'est surtout par cette double difformité volon-*

(1) Toutes ces sourdes et obscures diatribes et celles qui sont plus loin vont se porter tout à l'heure sur un seul nom et sur un homme trop clairement indiqué, M. Buloz, et nominalement désigné d'ailleurs plus tard : personne ne s'y est trompé en Russie, et personne ne pouvait s'y tromper.

(2) Elle l'était très peu au contraire. La *Revue Française* a été bien plutôt un recueil philosophique et politique, l'organe d'hommes publics qui voulaient faire triompher leurs idées, et qui, une fois au pouvoir, l'ont laissé disparaître. Si la *Revue Française* avait eu un but littéraire, elle aurait survécu au triomphe politique de ses fondateurs.

(3) Tout cela ne s'applique que trop à l'homme que M. Chasles a si souvent sollicité dans sa détresse et rarement en vain. Nous sommes bien forcé en effet de reconnaître le malheur qui nous a frappé dans notre enfance. Nous l'avouons sans peine : la destinée ne nous a pas toujours été propice. Mais comment celui qui a écrit ces lignes peut-il travestir de cette façon des choses qu'il connaît si bien? Dans un de ces épanchemens mal placés sans doute, mais auxquels un jour ou l'autre se laisse aller toute âme sincère et sans défiance, nous nous souvenons d'avoir raconté à M. Chasles l'accident cruel qui nous a atteint à l'âge de onze ans. — Mon père, petit propriétaire, simple cultivateur de son étroit domaine

taire et cette absence affectée de toutes prétentions à l'amabilité, à la grâce et au talent, qu'il s'est fait jour dans une société toute prétentieuse et vaniteuse. Sa brutalité, qu'il outrait, devenait sa séduction. Aucunes lettres, aucune probité, aucun savoir, aucun talent, aucun monde; mais le maquignonnage politique le plus hardi, le plus constant, le plus actif, le plus éhonté, la vénalité la plus nue, la rapacité la plus basse; enfin, il faut le dire, une immense et complète connaissance des mauvais côtés et des faiblesses, des vanités et des rancunes, des prétentions et des sottises. Il s'y complaisait et s'y démêlait en mettant l'argent dans sa poche! — « Moi, me disait-il un jour, je déteste les gens de lettres! » Et il ajoutait : « J'aime les dupes (1). » *— La plus grande faute de Louis-Philippe fut peut-être de laisser une certaine force à cet homme, qui a chassé Balzac, empoisonné la vie de Mme Sand, et jeté dans l'opposition la majorité des gens de lettres de son temps (2).*

« Je ne vous ai pas indiqué, tant s'en faut, tous les dangers et toutes les duperies de cette littérature industrielle, fondée sur l'intrigue et la cupidité, qui, n'ayant rien de littéraire, sert les intérêts d'un groupe infiniment restreint de personnes, concentre toutes ses forces laudatives dans un petit cercle borné, prête volontairement des couleurs fausses à tout ce qu'elle traite, dénigrant les talens indigènes placés en dehors et au-delà d'elle-même, rabaissant la France, effaçant tout ce qui n'est pas sa coterie, *et usant, dans la sphère littéraire, des mille corruptions laborieuses, ignobles, haineuses, envieuses, que la vie politique consacre pour sa propre ruine. Comme dans ce système tout est mensonger, il faut bien attirer l'attention par un échafaudage de mensonges,* et justifier par quelques moyens les prétentions que l'on met en avant; pour cela, on invente des procédés, on prête à des livres sans valeur une importance qu'ils n'ont pas, *on simule avec l'étranger des correspondances que l'on n'a pas, on tra-*

dans le département du Léman (à trois lieues de Genève), me prit un jour en croupe pour me mener à dix ou onze lieues de la maison paternelle, dans un collége situé au milieu des montagnes, au-delà de Bonneville et près de la petite ville de Cluses en Savoie. Il me déposa dans ce collége de Mélan à la fin d'une journée d'automne et partit. Ce souvenir m'est bien présent encore, car c'est la dernière fois que j'ai vu mon père, qui me laissait orphelin moins de six mois après. Le soir même de ce jour, une heure à peine après le départ de mon père, j'entrais dans la salle d'études, autour de laquelle s'agitaient vivement encore les *grands* élèves. Je reçus un coup de coude dans l'œil gauche, que je perdis avec d'horribles souffrances. Les effets du coup ne s'arrêtèrent pas là; plus tard, l'ouïe faiblit assez pour amener de fréquentes incommodités. C'est ce malheur, qui a pesé sur toute ma vie, qu'on transforme en un moyen de comédie!

(1) On nous fera bien l'honneur de croire qu'une pareille ineptie est tout à fait de l'invention du journaliste franco-russe. Ceux qui nous connaissent, ceux qui savent les efforts heureux que nous avons faits depuis vingt-quatre ans pour grouper tous les esprits éminens, tous les hommes honorables et distingués du pays autour de la *Revue des Deux Mondes,* hausseront les épaules en lisant d'aussi méchantes niaiseries.

(2) En réponse à ce passage sur Mme Sand, nous pourrions opposer des lettres récentes et amicales de Mme Sand elle-même. M. Buloz n'a jeté aucun des hommes de son temps dans l'opposition, et peut-être en a-t-il détourné plusieurs; en tout cas, il n'a pu jeter dans l'opposition les écrivains pour lesquels, comme M. Chasles, il a employé son influence pour leur faire avoir des places et des fonds d'encouragement. Comment la plume n'est-elle pas tombée des mains de M. Chasles en écrivant cette phrase, lui qui a tant de fois sollicité le peu de crédit que nous avions avant la révolution de février pour le sauver des pénibles extrémités où nous l'avons vu réduit?

duit du russe, par exemple, des œuvres remarquables, sans savoir le russe (1), *et le public, ainsi déçu de tous côtés, dupe de toutes les façons, indifférent à tous les intérêts, les plus matériels excepté, voit s'élever sous ses yeux et de son propre argent une encyclopédie d'images et de simulacres, de documens falsifiés, de renseignemens illusoires, de philosophie prétendue, d'esthétique empruntée et sans fond, vaines et folles apparences, critique fantastique, le tout servant la fortune d'un négociant en gros, et destiné à être la risée de l'avenir et de l'étranger* (2).

« Ce qu'il y a de pis, c'est que les vrais talens, *les grands styles, les historiens comme Thierry, les philosophes comme Ampère, les romanciers comme Mme Sand, Balzac et Alphonse Karr, les poètes comme Lamartine ou de Musset, chassés et découragés par cette manipulation matérielle et par ce mécanisme à la fois subtil et grossier, se découragent et fuient. Je me suis engagé à ne pas vous parler politique, et il m'est impossible de vous dire à quel point cette exécrable situation des hommes de talent, devenus les* SERFS DU PREMIER DROLE *qui les enrégimentait et* FONDAIT UN BAGNE A LEUR USAGE, *a contribué aux derniers mouvemens* (3). Entre 1840 et 1848, ils étaient forcés de se jeter dans la politique ou de végéter pauvres et méprisés. S'ils étaient, comme de Musset et Sandeau, fidèles à leur noble métier littéraire, peu de considération les attendait ; la fortune les desservait, leur dernière ressource était de se livrer à la fabrication de livres tels quels. Ainsi a fait Alexandre Dumas : deux cents volumes par an, et aucun soin de sa gloire !

« Vous comprenez bien que les bévues, les erreurs, les fausses représentations, les hypothèses ridicules naissent par milliers d'un tel état de choses. La littérature étrangère demeure

(1) Il n'y a qu'un très petit nombre d'écrivains en France sachant le russe, et ils sont presque tous à la *Revue des Deux Mondes*. C'est surtout M. Mérimée qui a donné dans la *Revue* des *essais* sur la littérature russe, en traduisant des morceaux de Pouchkine et de Gogol, et M. Mérimée est au-dessus de ces diatribes.

(2) La *Revue des Deux Mondes* a coûté environ 550,000 fr. à fonder. M. Chasles ne l'ignore pas; c'est ainsi néanmoins qu'il cherche encore à discréditer en Russie l'établissement qu'il appelait naguère (voir sa lettre du 25 septembre 1845) un *dernier et unique foyer littéraire auquel il était tout dévoué.* Il est vrai qu'alors cet établissement venait à son aide, et que M. Chasles n'en fait plus partie depuis longtemps. Si M. Chasles a pu nuire à notre Recueil en Russie et en Allemagne, d'autres pays étrangers ont répondu d'avance à l'appel du pamphlétaire par la haute estime qu'ils accordent aux travaux de la *Revue des Deux Mondes*. M. Chasles sait l'anglais sans doute; qu'il lise donc les journaux de l'Angleterre, *le Globe* tout récemment entre autres, et jusqu'aux journaux anglais de l'Inde, et il trouvera là, dans les éloges qu'on veut bien accorder aux efforts de la *Revue*, un singulier désappointement.

(3) M. Chasles, pour continuer à frapper sur la *Revue des Deux Mondes* en Russie, représente comme *chassés* (bon Dieu !) et éloignés de la *Revue* des hommes qui n'ont jamais cessé d'y coopérer depuis vingt ans, et qui n'ont même coopéré sérieusement que là. Puis on fondait pour eux *un bagne!* C'est M. Chasles qui le dit : *proh pudor!* Et ces vers d'Alfred de Musset, dont vous ne craignez pas de prononcer ici le nom, adressés au fondateur de cette *Revue*, vous les ignorez donc, moraliste austère et véridique!

> « Ami, vous qui voyez vivre et qui savez comme!
> Vous dont l'habileté fut d'être un honnête homme,
> A vous s'en vont ces vers, au hasard ébauchés,
> Qui vaudraient encor moins s'ils étaient plus cherchés. »
> (ALFRED DE MUSSET, *Sur la Paresse*, à M. B...)

d'autant plus profondément inconnue de la France, que l'on fait semblant de nous l'enseigner de toutes parts (1).

« Une *revue veut-elle nous donner l'analyse de quelque livre américain ou anglais? Il n'est même pas besoin de faire venir de Londres ou de Boston les volumes à critiquer : cela coûterait très cher, et je vous l'ai dit, la seule préoccupation de l'entrepreneur, c'est le gros sou. Les journaux anglais suffisent à l'œuvre; on en traduit les extraits* (2). Comment les traduit-on? Quelquefois très bien; les plumes élégantes et habiles ne manquent pas; MM. Forgues, Joanne et autres ont mille fois plus de talent qu'il ne faut. Veut-on cependant économiser sur les hommes de goût qui se font payer, on traduit soi-même ou par des manœuvres. *Je connais tel directeur qui a épousé une femme sachant l'anglais, et qui (moyen très économique) paie la toilette de sa compagne sur les traductions que cette dernière exécute* (3). Dieu sait ce

---

(1) Il y a cependant au Collége de France un professeur de littérature étrangère chargé de l'enseigner! Est-ce son portrait que M. Chasles a voulu faire? En vérité, c'est insulter au bon sens de la Russie que lui expédier d'aussi monstrueuses billevesées! Et l'on donne comme l'un des fauteurs des tendances fâcheuses de certaine littérature la *Revue*, qui n'a cessé de les combattre depuis vingt ans!

(2) Ou même on se les approprie en les signant sans plus de scrupule. Nous connaissons quelqu'un dont ces lignes retracent fidèlement les procédés.

(3) Ceci, — une pauvre invention surtout lorsqu'elle s'applique à une femme! — paraît s'adresser (que notre honorable collègue nous le pardonne!) au directeur de la *Revue Britannique*, à qui M. Chasles a plus d'une obligation aussi. A ce propos, nous citerons une lettre, en date du 1er juin 1853, que nous avons reçue du directeur de la *Revue Britannique*, et qui contient plus d'un trait ingénieux, plus d'une révélation piquante sur les procédés littéraires de M. Chasles.

Lettre de M. Amédée Pichot (1er juin 1853) à M. Buloz.

« Mon cher et honoré confrère,

« Je tiens à votre disposition le numéro de la *Revue Britannique* où sont *les Femmes touristes*, traduites de la *Quarterly Review*, année 1845. Je vous le porterai moi-même au premier jour. Si vous invoquez mon témoignage sur M. Ph. Chasles, je serai bien forcé de dire que, comme vous, j'ai été heureux de cesser tout rapport littéraire avec un homme qui manquait sans cesse de parole, et oubliait les bons procédés, les services même, pour se plaindre lui-même et inventer des torts fabuleux à ses collaborateurs. Je l'ai toujours soupçonné de ne pas s'en tenir là, et j'apprends sans surprise qu'il nous injurie en russe. S'il y a un journal à Tombouctou et qu'il en soit le correspondant, nous devons être accusés de bien des crimes à Tombouctou. Pour mon compte, j'attends la traduction des articles où il est question de moi, et je répondrai. Jusque-là, je dois me contenter d'attribuer la cessation de mes rapports avec M. Ph. Chasles au refus qu'il fit de ne toucher que les deux tiers du prix du travail qu'il faisait pour moi jusqu'à ce qu'il se fût libéré de sa dette. J'avoue qu'il y eut un bénéfice pour notre recueil à cette rupture, car je me rappelais toujours que M. Ph. Chasles traduisait pour vous en ayant l'air de vous donner des articles originaux, de même qu'à la *Revue de Paris* il avait donné comme de lui *les Catacombes de Saint-Michan*, traduites du *New-Monthly Magazine*; *l'Hôtesse de Virgile*, traduite librement du *Libéral*; *l'Enfant idiot* (31e volume), traduit du *Blackwood Magazine*, etc., etc.

« Je chercherai le numéro de la *Revue d'Édimbourg* où était l'article sur W. Raleigh que M. Chasles me supplia de ne pas mettre dans la *Revue Britannique*, parce qu'il vous avait fait depuis trois mois un *Walter Raleigh* original qui se trouve être le Walter Raleigh anglais retourné, mais non traduit cette fois. Voilà une partie de ce que j'ai dit, monsieur et cher confrère, et je suis prêt à le répéter. Je n'en

que reçoit le public! Il n'y a pas trois jours, les « *Chinois qui se glissent entre deux eaux pour*
« *trouer avec des instrumens pointus (boring) les vaisseaux de guerre ennemis (men-of-war)* »
étaient représentés par un de ces traducteurs ou une de ces traductrices comme « perforant
« *les hommes de guerre!* » Personne n'a rien dit, pas plus que l'on n'a relevé la gourmandise
de ce bon lord-maire, qui mangeait à lui seul « trois cents pommes de pin (*pine-apples*), »
lesquelles étaient des *ananas,* comme vous le savez. Hélas! je n'exagère pas; *j'amoindris les
hideux et comiques résultats de ces industries de la plume.*

« *Il faut se donner aussi un air de philosophie, d'esthétique et de haute métaphysique : un
nouveau procédé suffit à cela. M. Gustave Planche, homme d'esprit, a le premier inventé
cette solennelle mystification. Il a très bien saisi le côté grave, polytechnique, algébrique et
mathématique de notre temps, et il a pensé que l'x appliqué à la littérature produirait un effet
certain* (1). Le premier il a su appliquer à la critique littéraire les formules suivantes qui
ont été mises à flot avec un succès brillant, et ont porté la conviction dans les intelligences les
plus rebelles : « La nature, égale à l'homme, est égale à Dieu; » ou bien : « Le talent étant
au génie ce que la racine d'un nombre est au carré de ce nombre, il en résulte... » Le lecteur se contenta, pendant quelques années, de ces démonstrations d'Euclide qui ne signi-
fiaient absolument rien; puis, quand il en découvrit le fond, un second procédé les habilla
de rhétorique; enfin, les enveloppant et les drapant de quelques dates ou de quelques souvenirs d'histoire, on atteignit la perfection de la formule creuse. Par exemple : « La Russie,
« depuis deux cents ans, ne cesse pas de se rapprocher de l'Europe; » ou bien : « La Russie,
« au lieu de se civiliser, devient chaque jour moins avancée, etc., etc. » Vous n'avez qu'à
ouvrir les publications dont je vous parle, vous les trouverez pleines de ces axiomes ridicules,
de ces thèses de hasard, de ces folles, majestueuses et inutiles généralités.

« Sont-ce là les véritables expressions de l'intelligence française? Non, certes. Je vous
parlerai dans une lettre prochaine des vraies ressources intellectuelles de la France, de nos
jeunes talens et de nos talens éprouvés; ils restent tous en dehors de ces mauvaises industries, qui les ont rejetés dans l'ombre. Ne confondons pas avec ces entreprises de message-
ries littéraires dont je vous ai parlé, la pensée, le style, l'érudition et la poésie de notre
vieux et noble pays, de la France.

« PHILARÈTE CHASLES. »

dirai pas davantage, tant que je ne connaîtrai pas mon article en russe, car si, par hasard, ce portrait
était flatteur, c'est moi qui serais un ingrat, au lieu d'être un créancier mystifié.

« Je vous prie de croire, monsieur, à mes sentimens de loyal confrère, malgré la calomnie qui m'at-
tribua l'intention de vous attaquer dans *le Charivari,* où je n'ai jamais écrit une ligne, où j'ai même
été critiqué, à ce qu'il paraît, plus d'une fois, ce que je permets à tout le monde de faire, excepté à ceux
qui me doivent de l'argent.

« Bien à vous, votre confrère,   AMÉDÉE PICHOT. »

(Nous avons une lettre de M. Chasles nous signalant M. Pichot comme notre agresseur dans *le
Charivari.* — Quant aux *Femmes touristes,* c'est un article que M. Chasles nous avait remis comme un
travail original.)

(1) M. Chasles revient ici à la *Revue des Deux Mondes,* sa bête noire. M. Gustave Planche ne travaille
qu'à la *Revue des Deux Mondes.* Du reste, M. Planche a bien quelque droit à la rancune de M. Chasles
pour avoir révélé certaines étourderies anglaises du professeur.

3

Lettre du 25 juillet 1852. (Extrait.)

« ... Au surplus, mes malles ne sont pas encore prêtes, et l'apaisement dont je vous ai parlé dans une de mes dernières lettres continue toujours; il semble que le sol se rasseie. Au moins la surface est tranquille. Il y a quelques petits symptômes de littérature. Plusieurs *revues,* qui valent au moins la *Revue des Deux Mondes, aujourd'hui en pleine décadence :* — la *Revue contemporaine,* organe légitimiste; la *Revue de Paris,* faite par des jeunes gens de talent, — ces recueils réussissent en face de *cette vieille machine détraquée* qui a pour elle l'habitude et le souvenir, et à qui l'emprisonnement de M. Mérimée a beaucoup nui (1). *Elle prétend au machiavélisme.* Quand on se targue de subtile habileté, il ne faut pas faire de bévues. *La première est mortelle.* »

Lettre du 6 septembre 1852. (Extrait.)

« Les produits financiers de ces petits drames (ceux de Mme Sand) étaient beaux, et au lieu de quelques cents francs que *M. Buloz, de Savoie, avait laissé tomber jadis d'une main avare, pour d'excellente prose,* dans l'encrier de George Sand, *en lui disant les injures dont il est prodigue,* c'étaient ici quelque trentaine d'excellens billets de banque qui arrivaient à l'auteur. »

Lettre du 5 mai 1853. (Extrait.)

« *Les tripoteurs en littérature comme Buloz* sentent que le moment est mauvais et haussent leurs prix en même temps qu'ils baissent leur ton vis-à-vis des gens de lettres. Le spirituel Véron, comprenant que le procès Aguado lui serait désavantageux rien que par le bruit et le scandale, a eu le même don d'à-propos qui sauve et préserve sa vie entière; il a transigé, dit-on, et s'est accommodé. »

Tels sont les extraits qu'on peut lire dans les *lettres manuscrites* de M. Chasles qui nous ont été envoyées de Saint-Pétersbourg et qui sont au dossier. Nous n'avons pas toutes les lettres manuscrites de M. Chasles, ainsi que nous l'avons expliqué plus haut, pas plus que nous n'avons pu nous procurer tous les numéros de la *Gazette de Saint-Pétersbourg,* car il est probable que le journaliste franco-russe nous a poursuivis de ses agressions dans bien d'autres numéros, puisque sa correspondance a duré près de quinze mois.

Nous ajoutons ici, faute d'un plus grand nombre de lettres manuscrites de M. Chasles, la traduction en fragmens des autres parties de sa correspondance russe qui touchent la *Revue*

(1) Cette *Revue des Deux Mondes* en *pleine décadence,* cette *vieille machine détraquée* est, dans l'année même où M. Chasles la poursuit ainsi de ses calomnies chez les Russes, peut-être le seul recueil littéraire et politique en France qui soit en pleine expansion, en une ascension vraiment exceptionnelle. Dans cette année même, elle a gagné plus de 1,200 abonnés nouveaux, et elle a dû porter par la suite son tirage à plus de 7,000 exemplaires, chose qui ne s'était pas encore vue en France pour un recueil périodique; mais M. Chasles n'était plus, ne pouvait plus être de la *Revue des Deux Mondes,* et il a soin, pour lui nuire en Russie, de présenter les choses sous le jour le plus faux, dans l'intention sans doute de faire sa cour aux recueils novices et inexpérimentés qui accueillent sa prose.

des Deux Mondes. Cette traduction, — nous avons pu nous en assurer en comparant les lettres originales de M. Chasles en notre possession avec les lettres que nous avons fait traduire en français du journal russe (déposé au greffe du tribunal) avant que nous eussions reçu les manuscrits de Saint-Pétersbourg, — cette traduction est très fidèle, et a été faite par un Français né en Russie, où il a habité plus de vingt-cinq ans.

LETTRES DE M. CHASLES

PUBLIÉES DANS LA GAZETTE DE SAINT-PÉTERSBOURG.

(FRAGMENS TRADUITS DU RUSSE.)

« Paris, 12 août 1852.

« ... Maintenant tout le monde est occupé des conseils généraux. C'est en vain que M. et Mme Ancelot et beaucoup d'autres académiciens courent la France et débitent de grands discours à l'inauguration des statues de quelques grands hommes; c'est en vain que les théâtres font feu de toutes leurs batteries; c'est en vain que le directeur de la *Revue des Deux Mondes* répand le bruit que le *prince de Joinville est au nombre de ses collaborateurs* (1). »

Lettre du 28 septembre 1852.

« ... La *Revue des Deux Mondes,* qui jadis régnait sur la littérature française, mais qui depuis longtemps marche au hasard, répétant avec moins d'élégance ce qu'elle disait en 1835, a *tellement ennuyé le public par sa lourdeur,* que tous les nouveaux recueils du même genre trouvent des lecteurs *et lui enlèvent ses abonnés.* Ces nouveaux recueils sont la *Revue de Paris,* qui appartient à l'école de la fantaisie et attire à elle les jeunes gens et les femmes; l'*Athenæum,* journal rédigé avec beaucoup de talent par plusieurs membres de l'Institut; enfin la *Revue contemporaine,* qui a recruté *presque tous les anciens rédacteurs* de la *Revue des Deux Mondes,* et qui en compte plusieurs autres parmi les hommes du monde et les diplomates. On y voit figurer à la fois MM. Vitet, Villemain, Mérimée (2), Viennet, Beugnot, le comte de Caraman, etc. »

(1) Depuis 1844, le prince de Joinville a pu honorer la *Revue des Deux Mondes* de la communication de plusieurs écrits sur la marine française; mais nous n'avons jamais manqué aux devoirs de réserve et de bienséance que nous commandait l'honneur qui nous était fait. Il n'y a que M. Chasles pour oublier toutes les convenances.

(2) Toujours la même tactique persévérante pour nuire à la *Revue des Deux Mondes;* mais M. Chasles, qui ignore ou veut ignorer les choses les plus notoires, ne manque pas de représenter M. Vitet, intéressé pour une assez forte part dans la propriété de la *Revue des Deux Mondes,* MM. Villemain et Mérimée, comme ayant déserté le recueil qui a toujours eu leurs préférences, et qu'ils n'ont jamais quitté pour aucun autre. Cela se conçoit de reste : quand on écrit, c'est pour être lu par le plus de personnes possible; or ces écrivains iraient-ils renoncer, pour une publicité restreinte, à une publicité étendue, à une publicité accréditée à laquelle ils participent depuis vingt ans? S'ils ont laissé figurer leurs noms, s'ils ont même donné quelques fragmens de leurs écrits ailleurs, ils seraient les premiers à démentir les conséquences qu'en veut tirer la triste malice d'un écrivain évincé. Il n'y a

Lettre du 15 avril 1853.

« ..... *J'ai vu beaucoup de coquins dans ces derniers temps, mais je ne sais rien de plus parfait en ce genre que les demi-littérateurs, les demi-spéculateurs, comme par exemple Buloz.* Ces métis politico-littéraires fleurissaient de 1820 à 1850; cela rappelle Turcaret, multiplié par Trimalcion et galopant avec les béquilles de La Popelinière. M. Véron, homme très spirituel, n'était pas le plus accompli, mais le plus dangereux d'entre eux. Mais du reste c'est un bon enfant, qui daigne vous sourire et même qui vous tend la main, et qui cause avec vous. L'importance qu'il avait acquise dans ces derniers temps se joignait à une grande finesse. Il l'a prouvé dernièrement, etc. »

C'est par ce fragment du 15 avril 1853 que nous eûmes connaissance de l'odieuse et coupable manœuvre de M. Chasles contre nous. Ce fragment nous fut envoyé, avec le russe imprimé en regard, de Saint-Pétersbourg même (au dossier), traduit par un écrivain russe que nous ne connaissons pas, mais qu'un pareil langage avait justement indigné. En nous l'adressant, notre collaborateur, M. de Saint-Julien, à qui l'écrivain russe avait communiqué ce fragment pour nous l'envoyer, nous demandait la cause de ce déchaînement contre nous. C'est le 27 avril 1853 que nous recevions cet avis. Le jour même, nous répondîmes à M. de Saint-Julien en lui envoyant, pour la faire insérer dans la gazette russe, la lettre qu'on a lue plus haut, en réponse aux calomnies agressives de M. Chasles; mais nous ne pûmes rien obtenir du journal russe: le directeur même de cette feuille, voyant bien qu'il avait été fourvoyé, ne put obtenir de la censure la permission de publier notre réponse dans la gazette où nous avions été si indignement salis pendant plus d'un an. La censure russe avait-elle pris M. Chasles sous sa protection? Des lettres de Saint-Pétersbourg (au dossier) nous le feraient croire.

C'est alors que nous avons dû nous adresser à la justice de notre pays. N'était-ce pas un devoir, un devoir même de solidarité sociale que nous avions à remplir? Il suffit de jeter les yeux sur les lettres suivantes, traduites du journal russe, signées de M. Chasles, et dirigées contre des noms qui ont une bien autre importance, contre des corps, contre des hommes honorés et respectés, pour arrêter son opinion à cet égard.

M. Philarète Chasles d'ailleurs est un trop fécond écrivain, à qui la France ne suffit pas. On dirait que la terre lointaine lui est aussi plus commode : il écrit pour la Russie, pour l'Angleterre, pour l'Amérique même. Le lecteur étranger lui paraît sans doute une proie plus facile et moins périlleuse; c'est pour cette raison même que le devoir nous a semblé plus impérieux. N'avons-nous pas trouvé en effet tout récemment dans un journal américain, le *Literary World* (*le Monde littéraire*), de New-York, du 11 juin 1853 (au dossier), l'annonce suivante : *Chasles (Philarète). — Notabilities in France and England, with an autobiography,* chez Putnam et C°, New-York (*Notabilités de la France et de l'Angleterre, avec*

qu'une raison à donner de ces ruses grossières de M. Chasles : c'est qu'il voit les Russes doués d'une crédulité robuste, qu'il a voulu faire valoir ceux qui achètent sa prose et abattre ceux qui ne l'achètent plus.

une autobiographie, par Philarète Chasles). Nous ne connaissons pas cette publication, et nous ne croyons pas que M. Chasles l'ait fait paraître en France; du moins rien de pareil ne figure dans ses œuvres. M. Chasles avait-il une raison pour publier ces *Notabilités de la France* en Amérique seulement? Nous ne pourrions le dire.

Quoi qu'il en soit, nous terminons en ajoutant ici des lettres russes de M. Chasles qui peuvent donner une idée du ton qu'il emploie à l'égard de quelques célébrités de la France.

FRAGMENS DE LETTRES DIVERSES DE M. CHASLES

TRADUITS DU RUSSE.

« Paris, 1er juin 1852.

«... *Quant aux hommes de lettres proprement dits, Dumas, Balzac* (1), *Amédée Thierry, Béranger et beaucoup d'autres, personne ne songe à en faire des académiciens. Un écrivain n'est admis à l'Académie que lorsqu'il est vieux, épuisé, que tout travail intellectuel lui est devenu impossible, qu'il s'est transformé en homme du monde, et que, goutteux et boiteux, il s'est mis sous la protection des académiciennes les plus influentes. Les académiciennes! direz-vous. Oui, les élections ont lieu l'hiver entre le fauteuil à la Voltaire de quelque Égérie que la politique ennuie et qui cherche une autre distraction, et la petite table à thé auprès de laquelle est assise sa nièce. Nous croyons que la révolution nous a changés; c'est une erreur : elle a passé sur la France comme un rouleau de fer sur le sable d'une allée; elle y a écrasé, abîmé çà et là quelque chose, mais n'y a rien changé au fond.* Les abbés coquets de 1750, ces bohémiens du grand monde, ces baladins que menaçait sans cesse la Bastille, ne sont pas morts et ne meurent pas; tous ces types-là vivent encore et se portent à merveille; l'apparence et le costume ont changé, mais les traits sont restés les mêmes. Les élections académiques se complotent, se préparent de longue main, se font en un mot absolument comme du temps de l'abbé de Polignac et du cardinal de Bernis.

« *Voulez-vous connaître l'histoire de l'élection de MM. Alfred de Musset et Berryer, élection politique, sociale et nullement littéraire!* Je vais vous en parler; mais une foule de convenances s'opposent à ce que je vous en donne tous les détails. J'aurai soin du reste d'indiquer légèrement les choses que je tairai; je garde le reste pour les *Mémoires d'Outre-Tombe* que j'écris toute ma vie (2). Je suis fort bien placé pour cela, car je me trouve dans les coulisses. Je vois tout, le blanc, le rouge, les maillots et les faux mollets; *il n'y a pas un parti, un groupe au sein duquel je ne vive sans en être membre* (3).

(1) M. Chasles veut, en 1852, mettre à l'Académie M. de Balzac, mort depuis bientôt deux ans! Il parle également, dans cette lettre de 1852, d'une femme célèbre, morte depuis deux ans aussi, comme d'une espèce de grand électeur. Voilà l'exactitude de l'écrivain!

(2) C'est encore une tactique de M. Chasles de menacer les gens de ses mémoires.

(3) Sans être très curieux, on voudrait savoir quel est le parti, le groupe même qui reçoit M. Chasles avec cette facilité intime dont il aime à se vanter en russe.

« Vous savez que M. Guizot a imaginé la fusion, c'est-à-dire la réunion des deux branches de l'ancienne famille royale. Pendant que cette négociation se tramait, la mort frappa deux membres de l'Académie, M. de Saint-Priest à Moscou, et M. Emmanuel Dupaty à Paris. Il fallait les remplacer. *La nomination de M. Berryer, quoiqu'il n'ait rien écrit, devait plaire aux partisans de la fusion; — mais qu'en dirait le public?* Il ne manquerait pas d'avancer que l'Académie préfère la politique aux hommes de lettres, et n'atteint pas le but de son institution. Comment faire? — Machiavel n'aurait rien inventé de mieux que le parti auquel s'arrêta l'Académie. M. de Musset jouit des faveurs du public (se dirent sans doute les penseurs du lieu), et cela moins par son mérite littéraire que par des qualités d'un tout autre ordre. Il nous est fort désagréable; il a tourné l'un de nous en dérision, il en a parodié un autre, il ne croit même pas à Boileau; bref, il nous est tout à fait antipathique. A merveille! choisissons-le, quand même il ne s'en soucierait pas. D'un côté M. de Musset que l'on aime, de l'autre M. Berryer que l'on n'aime pas, il y aura équilibre parfait. »

« ..... Mon vieil ami Aimé Martin est littéralement mort de chagrin parce qu'on ne l'avait pas élu membre de l'Académie. En un mot, c'est une affaire importante pour la société française.

« *Chaque parti s'efforce de faire entrer un des siens dans cet aréopage, et cela sans tenir aucun compte des services rendus à la littérature. Si la révolution de 1848 s'était prolongée, nous aurions vu siéger à l'Académie M. Marrast et M. Pornin la jambe de bois, celui qui choisissait et dégustait si bien les eaux-de-vie de M. Caussidière!* Si les journées de juin avaient réussi, on aurait construit une nouvelle académie pour M. Sobrier, une académie officielle et nationale! Cela tient à ce besoin de centre, de modèle, de forme, de type commun que les Gaulois nos ancêtres éprouvaient comme nous. »

« Paris, 3 août 1852.

« ..... Parmi cette foule de *bas-bleus* ignorans qui abondent ici, figure au premier rang, moins en raison des charmes de son esprit que par son talent poétique, une certaine L.. C.. (1), femme qui fait de très bons vers, qui est très active, qui aime prodigieusement les applaudissemens et qui est jolie ou qui passe pour telle. Elle est blonde, grasse, ronde ; ses yeux sont grands et hardis... Ses nombreuses productions, ses romans, ses compositions philosophiques (qui est-ce qui ne s'occupe pas de philosophie aujourd'hui?) n'enchantaient pas le public; mais ses succès, la continuelle réimpression de ses œuvres, sa réputation naissante et son infatigable activité finirent cependant par produire un certain bruit qu'accrurent encore son caractère entreprenant et sa liaison amicale (j'emploie ce terme pour éloigner tout reproche de calomnie) avec un docteur qui jouit d'une grande célébrité de nos jours et que vous n'aurez point de peine à reconnaître. Il est éloquent, fort adroit, et membre de l'Académie française, ainsi que de plusieurs autres sociétés savantes; c'est le Gorgias de ce siècle où il aurait aimé à jouer le rôle d'un Cléon ou d'un Pisistrate. Il n'y est point parvenu; mais il lui est resté, pour s'en consoler, Mme C.., et cette amitié, déjà ancienne, connue de tout le monde, n'éveille même plus la médisance.

(1) Le nom est tout au long dans le texte russe.

« Cette liaison présente néanmoins plusieurs inconvéniens. M. C... ne peut pas servir son amie autant qu'il le voudrait; il lui est difficile de vanter ses mérites, de la protéger et de lui procurer quelques petites douceurs, profits de la gloire, comme des prix de mille francs et les petites médailles qui remplacent les couronnes, seuls cadeaux que l'ami dévoué puisse répandre sur sa chère Danaé sans se compromettre. Mme C.., qui écrivait toujours sans relâche et qui désirait obtenir de ces petites distinctions, voyait avec chagrin que le crédit de son ami commençait à baisser. Elle a composé dernièrement une longue pièce en hexamètres et en vers de huit et dix syllabes; ce travail lui parut très digne d'être couronné. Comment s'y prendre pour cela? La protection ordinaire et bien connue de M. C... ne pouvait que nuire à l'affaire. Il fallait mettre en œuvre des moyens plus efficaces. Les Français, et surtout les Françaises, ont l'esprit singulièrement inventif, ingénieux; vous en conviendrez avec moi lorsque je vous aurai conté la ruse qui procura à Mme C.. un succès complet, et couronna son poème ainsi que ses espérances.

« Il n'y a rien de plus intéressant au monde qu'un poète poitrinaire de vingt-cinq ans. C'est pourquoi Mme C.. se mit à la recherche, et elle en découvrit un parmi ses amis (le *bas-bleu* a toujours *une foule d'amis*). C'était un jeune homme blond, pâle, maigre, épuisé, à moitié mort; elle lui confia son secret et le chargea de remettre son manuscrit au secrétaire perpétuel de l'Académie française. Le bruit se répandit aussitôt dans la savante assemblée que le n° 22 était le dernier effort d'un jeune poète poitrinaire que les médecins avaient condamné. Les âmes tendres, les cœurs sensibles se mirent aussitôt à l'œuvre, et leurs efforts eurent un plein succès. La pièce du versificateur poitrinaire, récitée avec tout l'art convenable, produisit un très grand effet et arracha des larmes aux spectateurs. Le plus éloquent des amis du n° 22 et de Mme C.. profita du moment et s'écria qu'il fallait déposer une couronne sur la tombe du poète. Les sorties théâtrales de ce genre produisent toujours beaucoup d'effet en France, pays théâtral lui-même.

« Nos académiciens se laissèrent prendre sans difficulté, et le prix fut adjugé à l'unanimité à la composition du poète mourant. Personne ne s'y opposa. En France, personne n'ose résister à l'impulsion du troupeau, parce qu'on trouverait cela ridicule. On traiterait un acte pareil d'obstination impardonnable, sauvage, malveillante, anti-sociale. Chacun est libre chez nous d'avoir une opinion, mais à la condition expresse que cette opinion soit celle de tout le monde. Nous avons été de tout temps des moutons sensibles, impressionnables, à l'esprit mobile; c'est ainsi que nous dépeignent déjà Jules César et Julien, et nous ne changerons jamais.

« Lorsqu'il s'agit d'ouvrir le paquet appartenant à la compositition couronnée, le protecteur du poète poitrinaire et de Mme C.. prit son chapeau et s'éloigna sans éveiller l'attention. Et il fit bien; les académiciens furent stupéfaits, furieux, lorsqu'ils reconnurent que la *couronne à poser sur la tombe* d'un jeune poète n'était autre chose qu'un nouveau châle jeté sur les épaules dodues de Mme C.., qui jouit d'une santé digne des nymphes les plus charnues de Rubens...

« L'autre affaire dont j'ai à vous entretenir concerne une institution des plus étranges, je veux parler du prix Monthyon. *Cette institution est étrange, parce que des littérateurs, des poètes dramatiques et élégiaques (dont l'état moral et la sensibilité sont d'assez mauvaises garan-*

ties de bonne conduite) *accordent des prix de vertu* à des personnes qui, si elles méritent en effet cette récompense, *sont certainement dix fois plus vertueuses que leurs juges.* Il en résulte naturellement que la spéculation s'en est mêlée; les prix de vertu s'obtiennent chez nous absolument de la même manière que les bureaux de tabac. M. le maire et M. le préfet jouent dans ce cas le rôle de mandarins chinois. Il existe à Paris une division de la préfecture de police qui porte le nom de *bureau des mœurs*, et qui administre un trafic des plus infâmes et des plus immoraux. Il y a également en France une foule de fonctionnaires qui délivrent des certificats de bienfaisance dûment signés et portant leur cachet. Rien de plus naturel, de plus logique; l'un est l'inévitable conséquence de l'autre. C'est ce que les Allemands nomment *machinisme politique.* Mais ces récompenses matérielles accordées à des vertus, à des manifestations du cœur et de l'esprit, ne réussissent jamais, comme les daguerréotypes en fait de dessin.

« Qui peut empêcher que deux mauvais sujets se réunissent afin d'obtenir un prix de vertu? (*Remarquons en passant que M. de Monthyon était un homme assez peu moral, et qui a laissé dans sa province des souvenirs fort équivoques.*) L'un des deux coquins simule la misère, l'autre joue le rôle de bienfaiteur, d'homme compatissant. S'ils ont un peu de bon sens, le succès de leur comédie est assuré.

« *Il était impossible que l'Académie échappât tôt ou tard à une leçon sévère;* c'est ce qui vient d'arriver. Le prix de vertu fut accordé à un nommé Gallet, et, quelques mois après cette solennité, il se trouva que cet homme vertueux était un forçat libéré qui s'était mis dans la tête de jouer le rôle d'un héros de vertu. »

Telles sont les pièces que nous avons pu nous procurer sur cette fâcheuse affaire, qui nous a été signalée de Saint-Pétersbourg à notre grande surprise.

F. BULOZ,
Directeur de la *Revue des Deux Mondes.*

21 juin 1854.

PAILLET,   RAMOND DE LA CROISETTE,
Avocat plaidant.   Avoué.

(Cette Note n'a été imprimée qu'à dix exemplaires pour MM. les Membres du Tribunal et les Conseils des parties.)

Paris. — Imprimerie CLAYE, rue Saint-Benoît, 7.